Das Buch

»Ein echter Heath Robinson« heißt es noch heute in England, wenn es
gilt, eine besonders ausgefallene, technisch perfekte, aber in ihrem Ge-
brauch allzu aufwendige (um nicht zu sagen unsinnige) Erfindung zu
beschreiben. Robinson ist der »Techniker« unter den britischen Car-
toonisten. Er entwarf Maschinen, Apparate, Vorrichtungen – präzis und
einwandfrei in ihrer Konstruktion, herrlich verrückt in ihrer Anwen-
dung. Da gibt es die Rückspiegelmethode zum tränenlosen Zwiebel-
schneiden, die Rotationsliege für garantiert gleichmäßige Bräune im Ur-
laub, den motorisierten Kippensammler, das Spaghetti-Streckverfahren,
den transportablen Zebrastreifen und viele andere erstaunliche Neuerun-
gen. Heath Robinsons Anregungen für Alltag, Freizeit, Krieg und spe-
zielle Fälle sind heute noch ebenso treffend wie zum Zeitpunkt ihrer
Entstehung. Eines ist jedoch erforderlich, will man den Witz seiner
Zeichnungen voll erfassen: Man muß sich bei der Betrachtung ein wenig
Zeit nehmen, denn hier steckt der Spaß im Detail, getreu dem Motto:
»Warum einfach, wenn es auch kompliziert geht.«

Der Autor

William Heath Robinson (1872 bis 1944) stammte aus einer Künstler-
familie und begann als Buchillustrator, bevor er zu seinem ganz speziellen
Stil fand, der ihn später so berühmt machte. 1902 verfaßte und illustrierte
er sein Kinderbuch ›Die Abenteuer von Onkel Lubin‹. Ab 1918 erhielt er
zahlreiche Aufträge von Industrieunternehmen, um deren Werbegraphik
zu gestalten und Produktionsabläufe in seiner charakteristischen und ge-
nauen Art zeichnerisch festzuhalten.

Die verrückt perfekte Welt
des Heath Robinson
Cartoons

Deutscher
Taschenbuch
Verlag

März 1979
Deutscher Taschenbuch Verlag GmbH & Co. KG,
München
Lizenzausgabe mit freundlicher Genehmigung des
Gerhard Stalling Verlags, Oldenburg · ISBN 3-7979-1645-0
Bildtexte – sehr frei aus dem Englischen – von Kurt Rossa
© 1973 Josephine Heath Robinson
Umschlaggestaltung: Celestino Piatti unter Verwendung einer
Zeichnung von William Heath Robinson
Gesamtherstellung: C. H. Beck'sche Buchdruckerei,
Nördlingen
Printed in Germany · ISBN 3-423-01435-0

Inhalt

Der sichere Weg zum Eigenheim

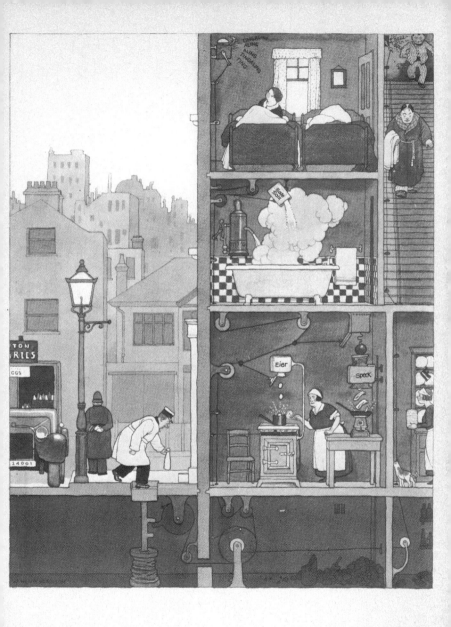

Der Tag fängt mit dem Milchmann an

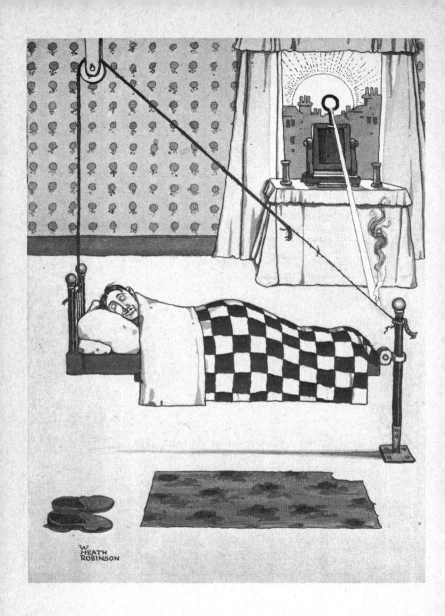

Der Sonnenwecker

Pneumatischer Nachtleuchten-Löscher (für Großräume)

Der Pünktlichkeitsfanatiker

Nostalgisches Kommunarden-Bett, Modell de Luxe

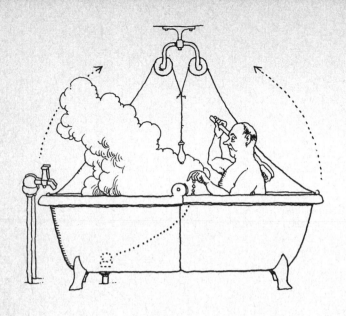

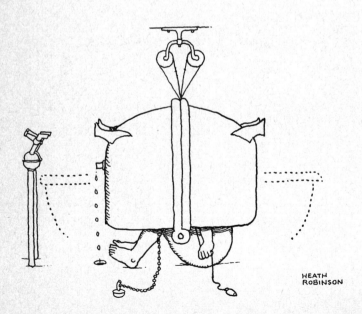

Mehrzweckbadewanne

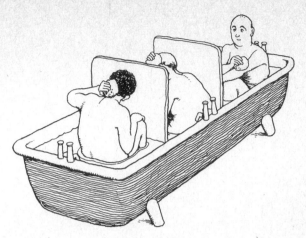

Großbadewanne für Drei-Mann-Kommune

Waschraum für beidgeschlechtliche Simultanbenutzung

Patent für Hinterkopf-Frisuren

Wenn man nur eine Hose hat ...

Kleiner Ehefrauentest

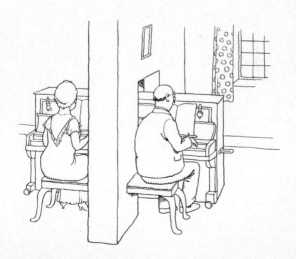

Musik im sozialen Wohnungsbau

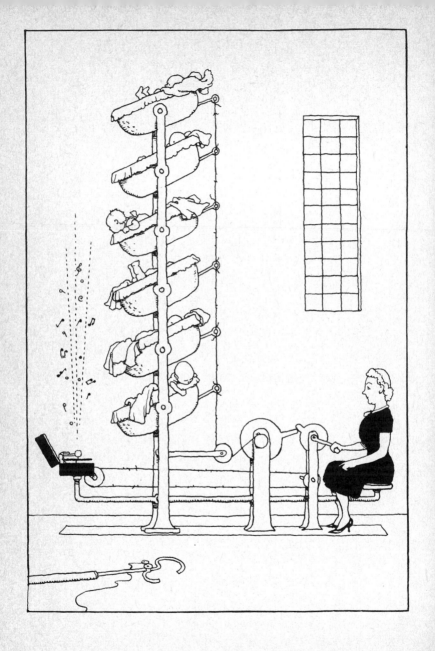

Personaleinsparung durch Rationalisierung: die Turmwiege

Spezialwagen für Schreihälse

Personaleinsparung durch Rationalisierung: der Acht-Mann-Schnuller

Neues Gesellschaftsbewußtsein: Erziehung zum Konsumverzicht

Test für Brautschleierträger

Aus der Praxis des modernen Kinderarztes

Lösung des Energieproblems auf Kohlenstaubbasis

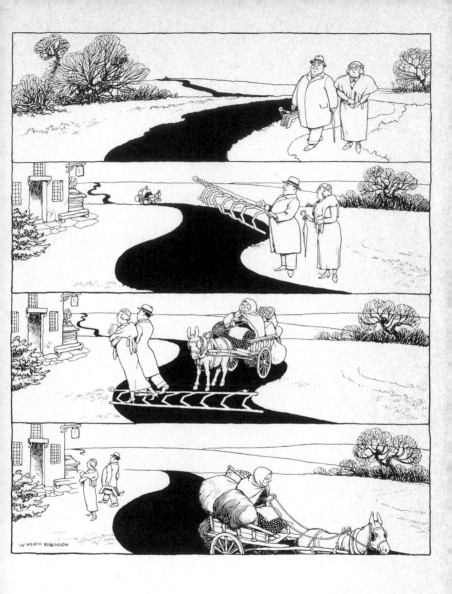

Transportabler Zebrastreifen, der wirksame Fußgängerschutz

Kassenpatienten bei der Morgenvisite

Im Schottenklub

Die perfekte Sicherung

Wenn Männer kochen: Bananengrill

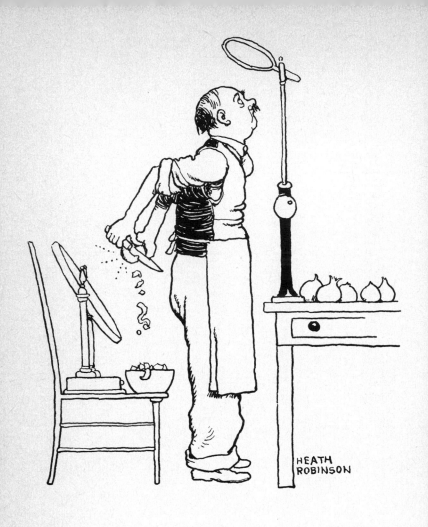

Wenn Männer kochen: Rückspiegelmethode zum tränenlosen Zwiebel-
schneiden

Eisschnellauf mit Handantrieb

Halbautomatische Klaffmuschel-Harpune

Winterfreuden

Autarker Skiläufer

Trainingsprogramm für Polo-Ponies

Schwimmen lernen mit
dem Trolley-System

Trockentraining zur
Stärkung der
Beinmuskulatur

Kopfsprungübungen
im Hintergarten

Tauchtraining

"Toter Mann"

HEATH ROBINSON

Schwimmtraining für ältere Herrschaften

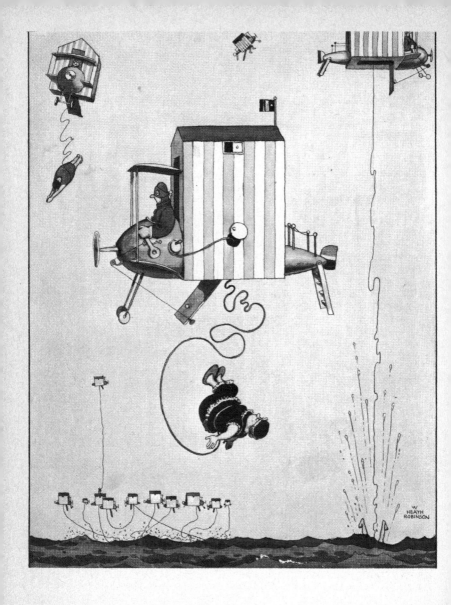

Aero-Schwimmunterricht

Selbstauslöser für Waffenscheininhaber

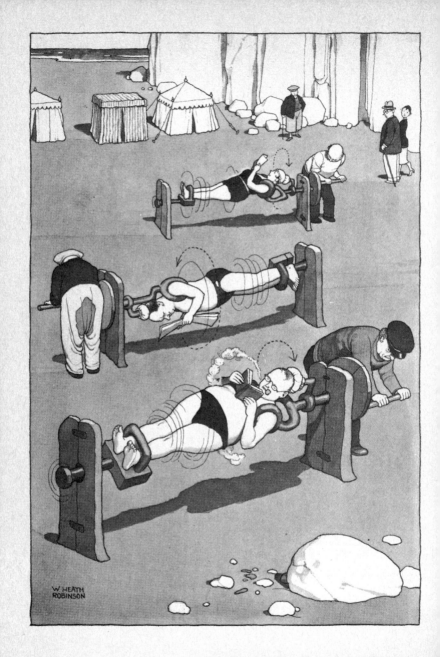

Robinsons Rotationsliege garantiert gleichmäßige Bräune!

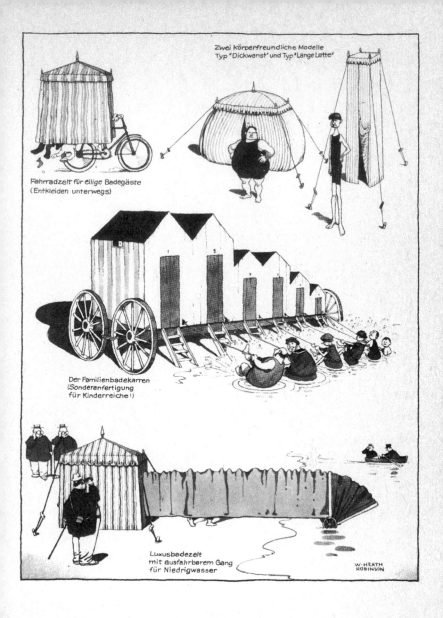

Zwei körperfreundliche Modelle
Typ "Dickwanst" und Typ "Lange Latte"

Fahrradzelt für eilige Badegäste
(Entkleiden unterwegs)

Der Familienbadekarren
(Sonderanfertigung
für Kinderreiche!)

Luxusbadezelt
mit ausfahrbarem Gang
für Niedrigwasser

W. HEATH
ROBINSON

Ganz groß in Mode: Badezelte und Badekarren

Petri Heil!

Leistungssport im Schlafzimmer

Volks-Tennis

Trainerersatz (sogenannter Wimbledon-Serpent-Simulator)

Fußgolf (Man beachte das subtile Pötten am 18. Grün!)

Altherren-Kricket

Golfschläger-Großtest in der Verbraucher-Beratungsstelle

Tanzvergnügen mit dem Dampfdudelsack

Die Eichhörnchenfalle

Giraffenfang nach der Lockvogelmethode

Damespiel im Doppelkreuz

Doppelkopfausscheidungsspiel unter erschwerten Bedingungen

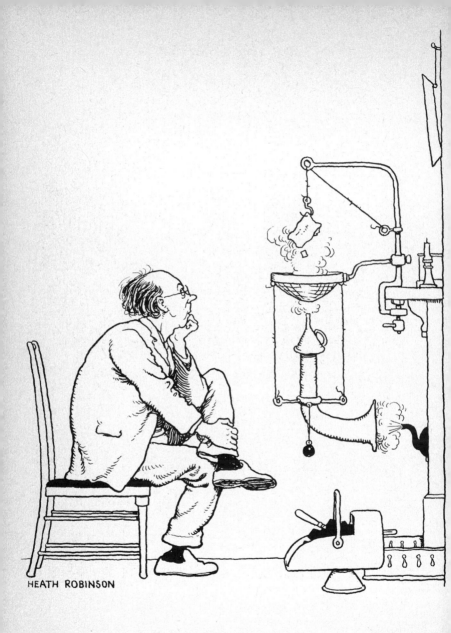

Ein Geschenk für den ernsthaften Philatelisten: die Briefmarken-Abdampf-Kaminanlage

Fahrbares Lupenschreibpult mit Einhandbedienung für Nachtfalterfor-
scher

Einmann-Jet-Modell »Witwenmacher«

Im Gänse-Stechschritt

Die Makkaroni-Mine zur Bekämpfung italienischer Truppenverbände

Der große Aufmarsch

Manöver bei Stone-Henge

Die sichere Methode, ein deutsches U-Boot an Land zu ziehen

Täuschungspanzer im Einsatz gegen Stukas

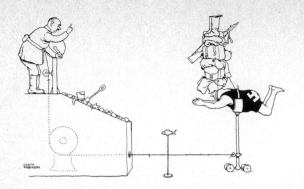

Praxisnahe Invasionsübung

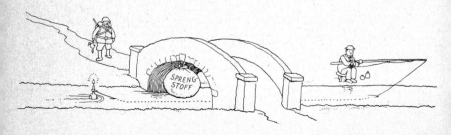

Guerilla-Taktik für jedermann

Kriegshund im Einsatz

Gepanzertes Schützengraben-Versiegelgerät

Rheinüberquerung

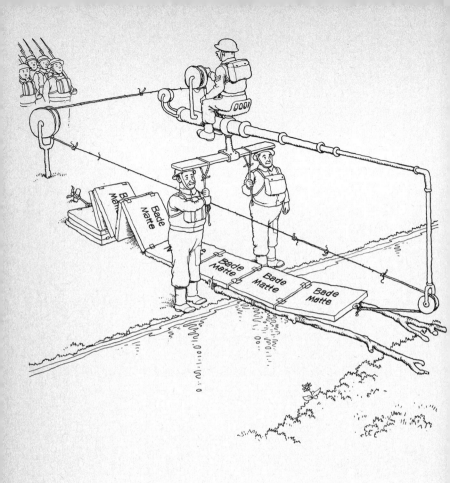

Die transportable Brücke

Non stop-Flak, 360° schwenkbar

Granatsplitter-Hose für Luftschutzbeamte

Hops-Panzer (im Frieden als Miststreuer verwendbar)

Schmalspurtanks zur Räumung vom Feind gesperrter Engpässe

Brandbomben-Meldeanlage

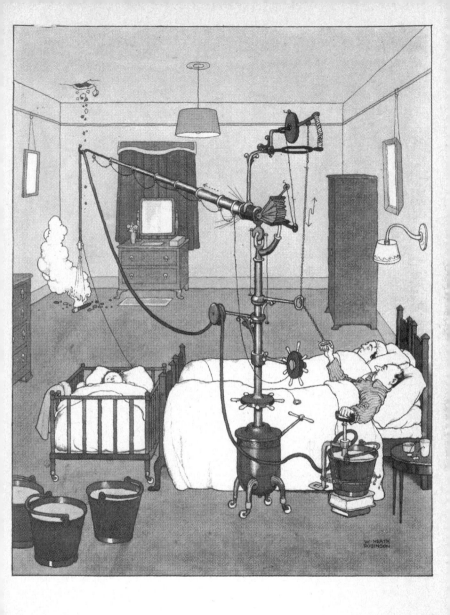

Bettgesteuerter Brandbomben-Löscher

Alarmierung von Polizeibereitschaften

Der Exportschlager: das eisenbeschichtete schottische Dauerei!

Mobiles Rückzugswaffensortiment

Noahs glückliche Landung

76

Die erste Frühlingswäsche

Automatischer Frischei-Verteiler

Das Spaghetti-Streckverfahren

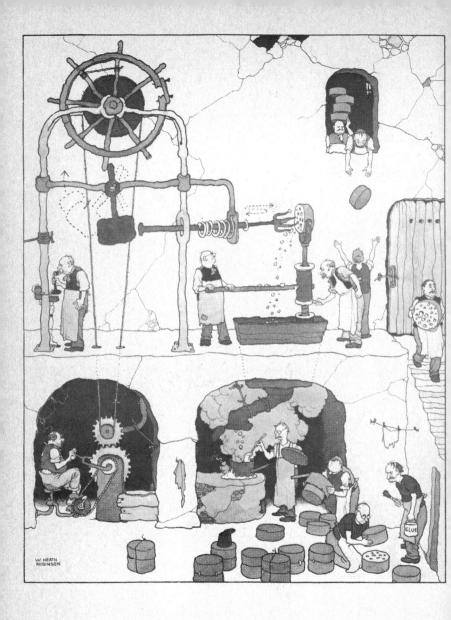

Werkstatt von Käsefälschern

Motorisierter Kippensammler

Die Champignonglocke

Härtetest für künstliche Zähne

Wie man garantiert gefahrlos eine Rasierklinge aufhebt

Trimm-dich-Pfad für Fassadenkletterer

Luxusausstattung für Fassadenkletterer

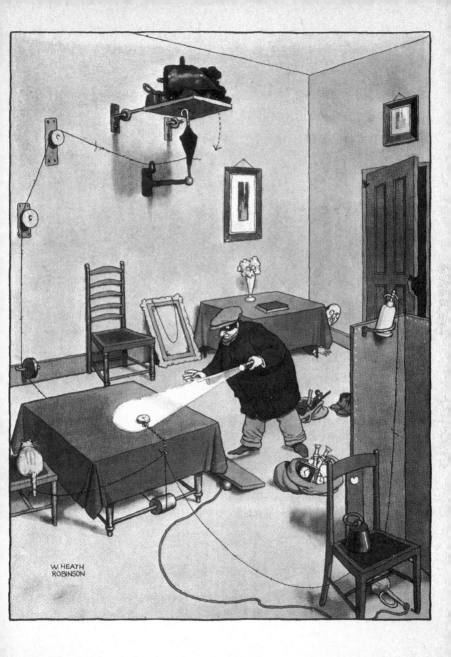

Die Diebesfalle

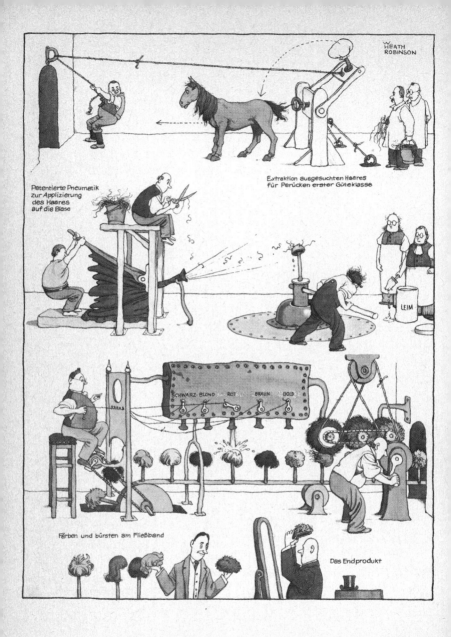

Hinter den Kulissen der Perückenindustrie

Steuerung der Verkehrsdichte in Wohngebieten

Beweisgründe für das Gesetz vom freien Fall

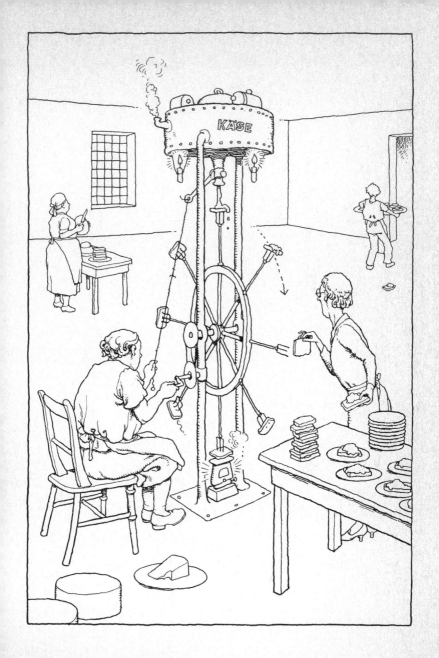

Die Sandwich-Maschine

Hochleistungsautomat zur Einbringung quadratischer Dichtungsstöpsel in runde Topflöcher

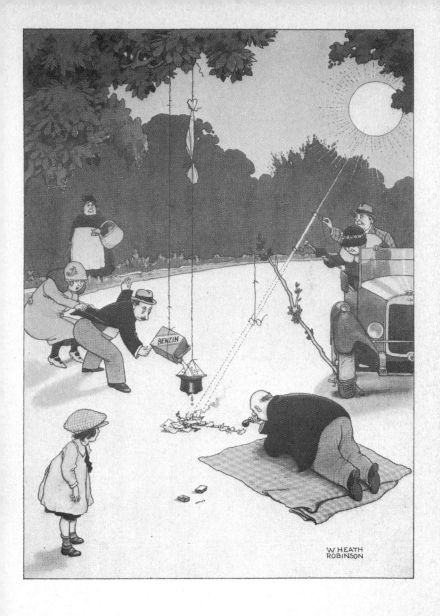

Die einfachste Art, sich eine Pfeife anzuzünden

Besteigung des Mount Everest

Ein Leck im Kanal-Tunnel

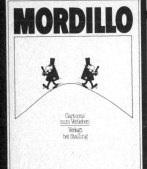

Kuckucksuhr mit Wachtel
Reklame der Jahrhundertwende
Originalausgabe, herausgegeben von Emil Waas
dtv 448

Erwarte Näheres unter vier Buchstaben
Kleinanzeigen und Pressenotizen der Jahrhundertwende
Originalausgabe, herausgegeben von Emil Waas
dtv 569

Cartoons

Stilblüten

**Emil Waas (Hrsg.):
Kuckucksuhr mit
Wachtel**
Reklame der
Jahrhundertwende
Originalausgabe
448

**Margit und Emil Waas
(Hrsg.):
Erwarte Näheres unter
vier Buchstaben**
Kleinanzeigen und
Pressenotizen der
Jahrhundertwende
569
**Es fängt damit an, daß
am Ende der Punkt
fehlt**
Stilblüten aus amtlichen
und privaten Schreiben
Originalausgabe
962
**Sehr geehrter Herr
Firma!**
Stilblüten aus amtlichen
und privaten Schreiben
Originalausgabe
1160

**Boris Wittich (Hrsg.):
Zeugen liegen bei**
Stilblüten aus Polizei-
berichten und Gerichts-
verhandlungen
Originalausgabe
1226

unfreiwilliger Humor

**Gerhart H. Mostar:
Friederike Kempner,
der schlesische
Schwan**

dtv

**Julie Schrader:
Ich bin deine
Pusteblume**

Die Tag- und Nachtbücher eines
wilhelminischen Fräuleins

dtv

**Helmut Minkowski
(Hrsg.):
Das größte Insekt
ist der Elefant**
Professor Gallettis
sämtliche Katliederblüten
Originalausgabe
348

**Gerhart Herrmann
Mostar:
Friederike Kempner,
der schlesische
Schwan.**
Das Genie der unfrei-
willigen Komik
292

Julie Schrader:
Hrsg.: Berndt W.
Wessling
**Wenn ich liebe,
seh ich Sterne**
Gedichte
789
**Ich bin deine
Pusteblume**
Die Tag- und Nacht-
bücher eines wilhelmi-
nischen Fräuleins
901
**Julie Schrader,
z. Zt. postlagernd**
Die Correspondencen
der Pusteblume
1167

Carlo Manzonis
Superthriller

Carlo Manzoni:
Der Finger
im Revolverlauf
Ein Super-Thriller

dtv

Ludwig Thoma

Ludwig Thoma:
Jozef Filsers
Briefwexel

dtv

Ludwig Thoma:
Der heilige Hies
Bauerngeschichten

dtv